HÈQUE L. CURMER.

AUX
ÉLECTEURS.

Lettre de M. DUFAURE,
Représentant du Peuple,

A UN ÉLECTEUR DE LOIR-ET-CHER.

Lettre de M. G. DE BEAUMONT,
Représentant du Peuple,

A un Électeur de la Sarthe.

10 centimes.

PARIS

LIBRAIRIE DE L. CURMER,
47, rue Richelieu, au premier,

1849

CATALOGUE

DES OUVRAGES PARUS

DE LA BIBLIOTHÈQUE L. CURMER.

Enseignement universel.

MANUEL DE L'ÉLECTEUR ET DE L'ÉLIGIBLE, contenant la loi organique électorale (texte officiel), avec une introduction, par M. Quentin Bauchart, représentant du peuple. Prix : 1 vol., 20 c.

MANUEL DU JURÉ, par M. Baroche, représentant du peuple. 1 vol. 20 c.

HISTOIRE DE FRANCE, par M. Demogeot, professeur de rhétorique au lycée Monge. 1 vol., 10 c.

Enseignement moral.

LETTRES A MON AMI JACQUES, par M. Block, membre correspondant de la Société d'agriculture. 1 vol., 10 c.

Enseignement élémentaire.

ÉLÉMENTS D'ASTRONOMIE, par MM. Spiess et A. Cros. 1 vol. 20 c.

ÉLÉMENTS DE GÉOGRAPHIE. ——— 1 vol. 20 c.

ÉLÉMENTS D'AGRICULTURE. ——— 1 vol. 20 c.

VOYAGE EN FRANCE. ——— 1 vol. 20 c.

La **BIBLIOTHÈQUE L. CURMER** est destinée à enserrer dans un vaste réseau de publications *tout* ce qui touche à l'**ENSEIGNEMENT UNIVERSEL**, à l'**ENSEIGNEMENT MORAL** et à l'**ENSEIGNEMENT ÉLÉMENTAIRE**. Sous le premier titre, elle abordera toutes les questions qui dérivent de la Constitution ; sous le deuxième, elle comprendra une série d'histoires et de récits instructifs et amusants ; sous le troisième, elle donnera des notions de toutes les sciences.

Elle fait un appel à l'*intelligence*, en la conviant à répandre ses bienfaits sur tous ceux qui ont besoin d'apprendre ; à la *richesse*, en l'engageant à populariser ces petits écrits et à les distribuer avec la profusion qu'ils méritent par leur but et leur importance ; aux *travailleurs*, en leur offrant un moyen sûr et peu dispendieux d'acquérir sans peine toutes les connaissances qui forment l'homme et le citoyen.

Ces petites publications coûteront 10, 20, 30, 40 et 50 centimes, selon le nombre de feuilles de 52 pages, et celui des gravures qui serviront à l'explication du texte.

AUX ÉLECTEURS.

MM. Dufaure et Gustave de Beaumont ont, à l'occasion des élections, écrit deux lettres que le *Siècle* et le *Journal des Débats* ont déjà publiées, et que nous croyons utile de reproduire.

LETTRE DE M. DUFAURE.

Paris, le 14 avril 1849.

L'élection du 13 mai va être pour notre pays une épreuve solennelle; selon la composition de la prochaine Assemblée, le gouvernement républicain doit s'asseoir définitivement pour nous, ou s'éteindre dans les convulsions d'une révolution nouvelle. Mes amis et moi sommes décidés à nous opposer de tous nos efforts à cette révolution nouvelle, sous quelque drapeau qu'elle se présente; nous sommes convaincus que le gouvernement républicain bien entendu et bien pratiqué est parfaitement compatible avec toutes les grandes nécessités sociales et avec les droits impérissables de chaque citoyen. Nous serons heureux d'être aidés, dans la tâche que nous avons entreprise depuis un an, par des hommes actifs, intelligents, plus jeunes que nous, et qui puissent continuer notre œuvre si elle doit avoir de l'avenir. C'est vous dire, monsieur, que j'apprends avec un vif intérêt votre candidature aux prochaines élections dans le département de Loir-et-Cher, et que je fais des vœux sincères pour que les suffrages de vos concitoyens vous fassent entrer à l'Assemblée nationale.

J. DUFAURE.

LETTRE DE M. GUSTAVE DE BEAUMONT

MONSIEUR ET HONORABLE CONCITOYEN,

A l'approche des élections, vous me demandez, tant en votre nom qu'en celui de plusieurs amis communs, quelle serait ma règle de conduite dans la nouvelle Assemblée législative, si j'y étais envoyé par le vœu des électeurs. Vous m'adressez notamment cette question : « Seriez-vous d'avis de « maintenir dans son intégrité la « Constitution, sauf révision ulté- « rieure, s'il y a lieu, et dans les délais « établis par la Constitution elle- « même? ou bien, convaincu qu'il existe « dans cette constitution des vices qu'il « est urgent de corriger, voteriez-vous « pour une révision immédiate? La- « quelle de ces deux résolutions vous

« paraît la plus conforme aux vrais in-
« térêts du pays ? »

La question que vous m'adressez, Monsieur, préoccupe, il est vrai, dans ce moment, beaucoup d'esprits. Et cependant, vous le dirai-je, si l'on y réfléchit quelques instants, on s'étonne qu'elle puisse être seulement posée.

Il semble qu'à vos yeux la modification plus ou moins prompte de la Constitution ne soit qu'une question de fait. Le droit, pour le pays, de la changer à tout moment, ne vous paraît pas douteux ; le doute pour vous serait seulement de savoir si cette réforme serait nécessaire et opportune. Le peuple étant souverain, quel obstacle s'opposerait à ce qu'il modifiât, détruisît même aujourd'hui son œuvre d'hier ?

L'obstacle, Monsieur, vient du peuple lui-même et de sa propre souveraineté. Issue du suffrage universel, une Constitution existe en vertu de laquelle la République est le gouvernement du pays. Cette Constitution, votée le 4 novembre 1848, à l'unanimité moins 30 des 900 représentants de la France, est en vigueur. Déjà le vote du 10 décembre, salué avec respect par ceux-là même qui désiraient une autre élection, a réglé les conditions du pouvoir exécutif. Tous les grands corps de l'Etat sont organisés : la haute Cour de justice est entrée en fonctions; le conseil d'Etat a reçu son institution. Dans quelques jours le pays aura désigné les membres de l'Assemblée au sein de laquelle résidera la souveraineté législative. La Constitution est donc fondée : loi suprême du pays, elle a droit au respect de tous. Comme citoyen, je lui dois mon obéissance :

comme législateur, je lui prêterais sin-
cèrement mon appui.

Sans doute cette Constitution, im-
parfaite comme toute œuvre humaine,
ne sera pas éternelle ; et la souveraineté populaire qui la créa pourra un
jour la modifier, même l'abolir. Mais
quand ? à quelles conditions ? après
quelles épreuves? par qui cette révision
pourra-t-elle être demandée? qui aura
autorité pour l'accomplir?

La solution de ces questions n'a
point été et ne pouvait être laissée au
hasard. J'ouvre la Constitution et j'y
trouve trois dispositions essentielles :

La première, qui fixe une époque
avant laquelle la révision de la Constitution ne peut pas même être proposée;
ce délai est au moins de deux années;

La seconde confère à l'Assemblée

législative le droit de proposer cette révision;

Et comme c'est un principe essentiel de tous les temps et de tous les pays, que la même Assemblée qui a proposé la révision n'ait point qualité pour la voter, le pouvoir d'accomplir cette révision est, par une troisième disposition, remis exclusivement à une Assemblée constituante. Telles sont, en résumé, les dispositions des articles 22 et 111 de la Constitution.

Ce n'est pas, remarquez-le bien, arbitrairement, et comme par accident, que, dans la Constitution de 1848, le peuple a lui-même mis cette entrave à l'exercice quotidien de sa souveraineté

Il n'existe pas d'exemple d'un peuple qui, en proclamant dans une Constitution sa toute-puissance, n'y ait apporté cette limite. C'est qu'une Con-

stitution qui, née aujourd'hui du suffrage universel, pourrait être demain
remise en question, ne serait pas une
Constitution. Ce ne serait qu'une loi
vulgaire; et, précisément, ce qui dis-
tingue les Constitutions des simples
lois, c'est que, tandis que celles-ci sont
variables comme la volonté du législateur, celles-là, au contraire, sont sta-
bles de leur nature, et participent, du
moins pour un temps, de l'immobilité
du sol sur lequel elles sont assises. La
loi est ce qui change, la Constitution
ce qui dure. La Constitution est la règle invariable de laquelle émane la loi
mobile. Il y a entre l'une et l'autre toute
la distance qui sépare le pouvoir législatif du pouvoir constituant. Rien ne
s'oppose à ce que le pouvoir législatif
fonctionne incessamment; si le pouvoir constituant se tenait en perma-

nence, ce serait l'état révolutionnaire organisé. Voilà pourquoi il n'est pas de Constitution qui ne fixe un certain intervalle de temps durant lequel le peuple ne pourra pas même être appelé à réviser son œuvre. Ainsi fait la Constitution de 1848, et il est digne de remarque que le délai qu'elle établit est moindre que celui que fixaient toutes les Constitutions précédentes. Ainsi, la Constitution de l'an III avait subordonné l'exercice du droit de révision à une épreuve de neuf années ; celle de 1791 en voulait dix. Toutes les constitutions américaines renferment des restrictions analogues.

Sans doute, une Constitution qui ne réserverait pas le droit de révision, enchaînerait la souveraineté du peuple, qui s'abdiquerait en se proclamant ; mais celle qui ne subordonnerait pas cette révision à un temps d'épreuve, n'aurait même pas vécu un jour, car la Constitution, ne cessant pas d'être discutée, l'état révolutionnaire n'aurait pas été un seul instant suspendu. Les Constitutions ne sont pas des obstacles à la souveraineté nationale, ce sont des étapes tutélaires dans la voie des révolutions qui, sous une forme ou sous une autre, travaillent incessamment les sociétés humaines. La France est-elle si reposée qu'elle n'ait que faire d'un temps d'arrêt !...

Ainsi, Monsieur, vouloir que la Constitution fût revisée à l'époque où se rassemblera la prochaine Assemblée législative, ce serait vouloir tout d'abord la violation de la Constitution ; ce serait appeler le jugement avant l'épreuve. Demander cette révision à l'Assemblée elle-même, ce serait vouloir qu'elle fît ce qu'elle n'a que le pouvoir de proposer, et ce qui ne pourra être exécuté par une Assemblée composée d'autres éléments, que dans deux ou trois années.

J'entends dire que deux ou trois ans, c'est bien long; que le pays souffre; qu'il est impatient de changer son état; que ce n'est pas un temps d'arrêt, mais un terme auquel il aspire ; en un mot, qu'il faut en finir une fois pour toutes avec l'anarchie révolutionnaire.

Etrange moyen, en vérité, de clore à jamais les révolutions que de commencer par en rouvrir la voie ! Je ne sais si ceux qui tiennent ce langage se rendent bien compte de tout ce qu'il contient de dangereux.

Vous jugez urgente la révision de telle ou telle partie de la Constitution, et cette urgence est si grande à vos yeux, que vous refusez de vous soumettre au mode et au délai légal selon lesquels cette révision doit être réclamée. Soit, je l'admets; mais vous me concéderez aussi que, du moment où vous remettez immédiatement en question ce qui, dans la Constitution, ne vous agrée pas, vous ne pouvez contester à d'autres le droit de demander la même révision immédiate des dispositions dont ils veulent la réforme. Or, tandis que le mal vous paraît résider par exemple dans l'institution d'une Assemblée unique au lieu de deux chambres, j'entends des voix qui disent que le mal vient surtout de ce que la France s'est constituée en République; ces voix, parfaitement d'accord pour proclamer le mal, se divisent, il est vrai, sur le remède à appliquer, les uns soutenant que la seule solution, c'est que la présidence devienne l'Empire, d'autres encore que la royauté soit rétablie; ceux-ci demandant Henri V, ceux-là la régence; et, au milieu de toutes ces opinions qui se querellent, j'entends des voix énergiques et bien unies qui s'écrient que ce que veut le peuple, ce n'est ni l'Empire, ni la Légitimité, ni la Royauté de 1830, ni la République telle que la Constitution l'a faite, mais la République démocratique et sociale, la République sans président, avec le droit au travail et son organisation !!!

En réalité, qu'est-ce que le peuple, c'est-à-dire la majorité des citoyens, veut aujourd'hui, à l'heure où je vous écris? Je ne le sais pas, mais je sais ce qu'il a voulu, il y a moins d'un an; et j'incline à penser, ne fût-ce que par respect pour sa souveraineté, que ce qu'il a voulu alors, il le veut encore. Ce que je sais, c'est que le pays, qui s'est prononcé presque unanimement pour ce qui est, serait fort divisé pour choisir autre chose; et qu'en vue du changement que l'on désire, on est peut-être bien insensé de braver le changement que l'on craint. Ce que je sais, c'est qu'en supposant nécessaires, ce que je n'admets pas, les changements auxquels on aspire, il est bien téméraire de faire aujourd'hui ce que dans deux ou trois ans la Constitution permettra d'accomplir. Ce que je sais enfin, c'est que la moindre atteinte portée à la Constitution par les partis intéressés à l'ordre provoque les partis violents aux plus audacieuses entreprises, et qu'en dehors de la légalité, il n'y a plus que le recours à la force, c'est-à-dire la guerre civile et l'anarchie.

N'est-ce pas vraiment une chose étrange que beaucoup d'honorables citoyens, qui ont horreur de la guerre civile, disent et répètent chaque jour : Oui, point de violence, point de recours aux armes, attendons la prochaine Assemblée qui, paisiblement, régulièrement, exécutera tous les changements que réclame la Constitution. Comme si la prochaine Assemblée pouvait faire régulièrement ce que la Constitution lui interdit! comme si elle pouvait exécuter paisiblement ce qui, étant une violation de la Constitution, un véritable coup d'État, serait en même temps un défi jeté à tous les partis et un appel aux armes!

Eh bien! il est vrai, dit-on encore, l'Assemblée législative ne saurait constitutionnellement pratiquer une révision pour laquelle le peuple ne lui a pas donné de pouvoirs ; mais si le peuple, directement consulté, veut et déclare vouloir cette révision, qui pourrait contester sa volonté ? On fera donc appel au peuple, et si le peuple répond qu'il veut un changement dans la Constitution, la Constitution sera changée. Ai-je besoin, Monsieur, de vous faire remarquer que ce mode de procéder serait tout aussi irrégulier et tout aussi révolutionnaire que ceux dont nous avons reconnu le danger ? L'appel au peuple se peut concevoir sous des formes diverses ; mais il n'en existe qu'une seule de régulière : c'est celle que la Constitution autorise, et toutes les autres sont des attentats à la Constitution elle-même.

Non, j'en ai la confiance, mon pays ne se laissera pas entraîner par une folle impatience. Depuis le 24 fé-

vrier jusqu'à ce jour la France, au milieu de terribles difficultés, a fait preuve
d'un grand esprit de conduite ; elle a ,
dans quelques occasions, déployé un
courage héroïque, souvent une singu-
lière habileté, toujours une très grande
prudence. Sa sagesse a été de ne rien
précipiter. A Dieu ne plaise qu'elle
abandonne cette voie sage et mesurée
pour se jeter en aveugle dans de nouvelles aventures !

Sans doute, la France, même après
sa Constitution, demeure maîtresse de
ses destinées. Le premier, le plus ina-
liénable de ses droits, c'est ae se don-
ner la forme de gouvernement qui lui
convient. La Constitution républicaine,
fondée sur la souveraineté du peuple,
offre précisément cet avantage, que,
pour modifier ses institutions, le pays
n'a pas besoin de faire une nouvelle

révolution, et qu'il trouve dans la Constitution elle-même le droit de la changer. S'il la reconnaît défectueuse, qui prétendrait l'empêcher de la modifier? Et si, après l'expérience faite, expérience qui, pour être efficace, doit s'accomplir dans toutes ses conditions constitutionnelles; si, après cette épreuve, la France jugeait que son bien-être, son repos intérieur, sa puissance et sa dignité au-dehors, sont incompatibles avec le gouvernement républicain, qui est-ce qui voudrait le maintien de la République? Mais qui donc aussi demandera que la République tombe si, sous les auspices des institutions qu'elle consacre, le crédit public reprend son essor, le commerce son activité, l'industrie ses capitaux, la France sa sécurité et sa grandeur? Pour moi, je suis, je l'avoue, de ceux qui entretiennent cette espérance ; et non seulement je l'espère, mais encore c'est mon vœu sincère, non seulement je le pense, mais j'aime à le dire, dans un moment où l'équivoque des opinions me paraît un des plus grands maux dont souffre le pays. Je n'ai point appelé la République de mes vœux ; mais avec le pays je l'ai acceptée. Je l'ai acceptée sérieusement, et avec le sentiment que, si c'est chose grave pour un peuple de changer le principe de ses institutions, c'est chose plus grave encore de revenir au principe aboli. Je ne sais si je me trompe, mais je crois que ce sentiment est aussi celui de mon pays, et qu'il ne sera pas si facile que quelques-uns paraissent le croire de renverser le gouvernement deux fois consacré par le suffrage universel. Avec mon honorable ami M. Dufaure, et pour

me servir des propres paroles qu'il pro-
nonçait naguère à la tribune nationale :
« Je ne crois pas que des institutions
« qui vont plonger leurs racines jusque
« dans les dernières entrailles du pays,
« des institutions qui ont par deux fois
« appelé huit millions de citoyens à
« émettre directement leur vote, des
« institutions qui protestent de leur
« respect profond pour tous les droits,
« et de leur profonde sympathie pour
« toutes les souffrances, je ne crois
» pas que ces institutions puissent être
« si facilement renversées. » (Séance
du 7 février 1849.)

Il me semble que la République a
triomphé de sa plus grande épreuve.
Combien croyaient, même parmi ses
plus sincères amis de la veille, qu'elle
traînait fatalement à sa suite l'écha-
faud, le papier-monnaie, la banque-

route, la guerre étrangère ? La République de 1848 a montré au monde qu'elle peut exister sans ce funèbre cortége. Elle a prouvé une seconde chose, c'est que non seulement elle n'a point pour compagnes obligées la terreur et la ruine publique, mais encore qu'elle est, plus peut-être que tout autre gouvernement, douée de la vertu de combattre au sein de la société les ferments redoutables de désordre et d'anarchie qui y abondent; elle a déjà fait cette preuve le 24 juin, le jour où l'on peut dire que s'est engagée la guerre *sociale*. Que la révolution de Février éclatât ou non, la bataille était imminente : la République l'a gagnée. Tout autre gouvernement eût-il seulement pu la livrer? La victoire de la République lui a coûté quatre jours de terrible lutte; nul autre gouvernement jusqu'alors n'avait pu se battre dans Paris plus de trois jours, et encore pour être vaincu. C'est qu'on est toujours faible, alors qu'en soutenant la cause de l'ordre, on soutient un nom ou une dynastie ; c'est qu'on est toujours bien fort lorsqu'on défend l'ordre au nom de ce qui représente tout le monde, c'est-à-dire de la République.

La preuve que la République a faite en juin, elle sera peut-être appelée à la renouveler, et malheureusement l'état de la société n'est pas tel que toute crainte d'une nouvelle lutte doive être écartée.

J'avoue que je ne partage pas l'opinion de ceux qui traitent de chimérique le péril de certaines doctrines antisociales ; les théories ont beau être vaines, obscures, insensées, la passion mauvaise qu'elles excitent est réelle, intelligente et profonde, Oui, ces doctrines sont dangereuses, et toute ma sympathie est acquise à la pensée et à l'effort qui les combattent. Mais au milieu de tous les troubles et de tous les désordres que préparent à la société cet empoisonnement des âmes et des intelligences, je me demande quelle sera la puissance morale capable de rétablir partout l'ordre moral et matériel; je n'en aperçois qu'une seule. Cette puissance, ce n'est pas celle d'un homme, ce n'est pas celle de plusieurs, quelque illustres, quelque habiles, quelque généreux qu'ils soient; cette puissance, c'est celle de tous. La République qui résume toutes les volontés, est peut-être le seul instrument assez puissant pourcombattre l'ennemi formidable en face duquel la société se trouve placée: elle seule fournit l'arme d'une majorité numériquement assez forte pour être opposée à la redoutable minorité qui se range en bataille, et qui vaincrait tout autre pouvoir que celui de la République. Une pareille lutte dépasse la force de tout parti politique, surtout des anciens partis ; il faut des forces jeunes, nouvelles, vivaces, prises au cœur même de la société, pour combattre cet ennemi nouveau.

Rien ne serait plus malheureux que l'opinion qui s'établirait dans le pays que la cause de l'ordre et celle du principe monarchique sont une même chose, et qu'il y a identité entre le socialisme et la cause républicaine.

Si une pareille confusion pénétrait dans les esprits, ces grands principes d'ordre, à la défense desquels on ne saurait trop se dévouer, courraient le plus grand péril auquel ils puissent être exposés ; car beaucoup qui, avec la République, veulent l'ordre, le défendraient peut-être avec moins d'ardeur, si, en le soutenant, ils craignaient d'aider au rétablissement de la monarchie, et beaucoup de républicains, adversaires déclarés des utopistes, les combattraient peut-être avec moins de force, s'ils voyaient dans la phalange de ceux-ci le dernier boulevart de la République.

Cette confusion, mauvaise pour la cause de l'ordre, ne le serait pas moins pour la cause du peuple. Elle porterait un coup funeste au principe de la fraternité, ce principe sacré de justice, de morale, de charité, gravé dans le cœur de tous les hommes avant d'être inscrit dans la Constitution, et qui serait tristement compromis le jour où l'on croirait voir un lien fatal entre ce prin-

cipe éternel et de dangereuses chi-
mères.

Pour moi, plus j'y réfléchis, et
plus je crois voir dans la Constitution
la vraie, la meilleure garantie de ces
grands principes d'ordre qui sont l'âme
même des sociétés, que la Constitution rappelle, mais qu'elle ne décrète
pas, parce qu'on ne décrète pas ce qui
est, ce qui a toujours été, ce qui ne
saurait cesser d'être; de ces vérités
immuables qu'on ne saurait empêcher
la folie humaine de discuter, mais que
l'homme n'a pas plus de puissance d'a-
bolir qu'il n'est en son pouvoir de sup-
primer Dieu dont elles émanent. Si ces
principes sont impérissables, ils sont,
comme les plus saintes choses, sujets
à être attaqués. Ils peuvent être mo-
mentanément méconnus, foulés aux
pieds, C'est déjà un mal immense, Ah!

sans doute, il faut se serrer autour d'eux pour les défendre. Mais au milieu de toutes les puissances que je vois se réunir en faisceau pour les protéger, la plus efficace, à mes yeux, c'est la Constitution. C'est une des raisons pour lesquelles le respect de la Constitution me paraît si nécessaire, et pourquoi, si j'étais membre de la nouvelle législature, je m'appliquerais de toutes mes forces à le faire prévaloir.

Agréez, monsieur et honorable concitoyen, etc.

GUSTAVE DE **BEAUMONT**,

Représentant de la Sarthe.

Paris, le 25 avril 1849.

Paris. — Imprimerie MAULDE et RENOU, rue Bailleul, 9-11.